Oscar Enrique Correa Miranda
Nieves Maria Melo Miranda

Sistemas Gerenciales

Oscar Enrique Correa Miranda
Nieves Maria Melo Miranda

Sistemas Gerenciales

Software Libre

Editorial Académica Española

Imprint

Any brand names and product names mentioned in this book are subject to trademark, brand or patent protection and are trademarks or registered trademarks of their respective holders. The use of brand names, product names, common names, trade names, product descriptions etc. even without a particular marking in this work is in no way to be construed to mean that such names may be regarded as unrestricted in respect of trademark and brand protection legislation and could thus be used by anyone.

Cover image: www.ingimage.com

Publisher:
Editorial Académica Española
is a trademark of
Dodo Books Indian Ocean Ltd. and OmniScriptum S.R.L publishing group

120 High Road, East Finchley, London, N2 9ED, United Kingdom
Str. Armeneasca 28/1, office 1, Chisinau MD-2012, Republic of Moldova, Europe
Printed at: see last page
ISBN: 978-613-9-43344-5

Capítulo I

Nieves María Melo Miranda

En la actualidad es necesario entender que el mundo gerencial es algo verdaderamente fascinante, desde ese nivel se pueden tomar decisiones que influyen directamente sobre las organizaciones.

En ese sentido hoy en día se hace referencia a indicadores inteligentes, que le permiten a los gerentes tomar decisiones coherentes que pueden ser medidas y que trascienden positivamente en función del rendimiento de la organización.

En ese sentido es necesario entender que las empresas en la actualidad necesitan alcanzar logros concretos, ya que se encuentran inmersas en mercados cambiantes donde la tecnología y la innovación marcan la pauta de la productividad empresarial.

Sistema de Recursos Humanos

Fuente: https://infune.blogspot.com/ Sistema de recursos humanos.

Es necesario entender a la hora de abordar los sistemas gerenciales, que el recurso humano juega un papel fundamental para el desarrollo de las empresas y las organizaciones, es por ello trascendental integrar un sistema de recurso humano que tomen consideración el nombre de la persona y el cargo que ocupa dentro de la organización.

Este sistema de recurso humano podrá almacenar el nombre y el cargo, para que así cuando sea necesario poder disponer a tiempo ese recurso humano tan indispensable en la actualidad que cuando se desea resolver un problema o generar un proyecto se convierte en un capital intelectual en plena acción que viene a desencadenar muchas cosas positivas para potenciar la productividad de la organización.

Sistema de Mercadeo

Fuente: https://infune.blogspot.com/ Sistema de mercadeo.

Es necesario entender también que en toda empresa o institución se debe tener Clara la importancia de mostrar o dar a conocer a otros el producto servicio que se está elaborando, en ese sentido en esta investigación se desarrolla un sistema para atender el departamento de mercadeo en el cual se hace referencia a la campaña publicitaria y el tipo de actividad que se está realizando, para así desde un nivel gerencial poder hacerle un seguimiento al impacto que pueda tener sobre el nivel de la productividad en la institución.

Sistema de Mercadeo

Nombre de la Campaña | Tipo de Campaña | Agregar Campaña

red social - estructurada

Fuente: https://infune.blogspot.com/ Sistema de Mercadeo.

Es necesario entender que muchas campañas pueden estar enfocadas en el marco de una red social, ahora bien, si se intenta desarrollar un sistema gerencial que incorpore herramientas informáticas y de matemáticas para el apoyo al liderazgo empresarial, desde un servidor local esto puede llegar a tener un gran impacto en los motores de búsqueda a nivel global.

De llegarse a cumplir esta hipótesis afirmativa en el transcurso de seis meses, esto le permitiría a la empresa lograr cumplir con su misión desde una doble perspectiva, Por una parte se estaría cumpliendo con la posibilidad de incorporar herramientas gerenciales al sistema gerencial global, y en otro sentido el nivel de aceptación fundamentado en innovación tecnológica con carácter educativo y funcional podría llegar a tener un impacto importante en los motores de búsqueda globales lo cual a su vez permitiría el crecimiento orgánico de la red o sistema gerencial.

Fuente: https://infune.blogspot.com/ Sistema de eficacia departamentos.

En Este ejemplo se desarrolla un programa integrado al sistema gerencial, que permite estudiar el nivel de eficacia en tres departamentos enfocado en ventas producción y marketing. Es necesario entender que cuando se está desarrollando un sistema gerencial y existe esa motivación porque se posee el conocimiento sustentado en los lenguajes de programación de alto nivel, esto puede llegar a incidir directamente en un alto nivel de eficacia en cuanto a la producción de software por parte del departamento de producción.

Fuente: https://infune.blogspot.com/ Sistema de eficacia departamentos.

Es necesario indicar que la incorporación de este tipo de calculadoras en un sistema gerencial es fundamental, ya que va a permitir cuantificar el nivel de objetivos planteados y cuántos se han logrado cumplir a cabalidad hasta el momento.

En el ejemplo práctico señalado anteriormente se revela un 50% de eficacia, obviamente cuando se han cumplido el 50% de los objetivos la eficacia también va a estar en el orden del 50%, es algo totalmente lógico y razonable, pero al incorporar este sistema en los procesos productivos se puede tomar en cuenta esos objetivos inteligentes que deben ser medibles y alcanzable un cierto periodo de tiempo.

Matriz de Eficacia de Departamentos

Departamento	Objetivos Alcanzados	Objetivos Establecidos
Ventas		
Marketing		
Producción		

Calcular Eficacia

Fuente: https://infune.blogspot.com/ Matriz eficacia departamentos.

En este caso se plantea un sistema basado en una matriz que evalúa el departamento de ventas marketing y producción tomando en consideración el nivel de eficacia, en este cuadro se puede evidenciar el nivel de objetivos alcanzados por cada departamento y cuáles han sido los objetivos establecidos.

Definitivamente poder contar con un sistema gerencial que tomen consideración el departamento de recursos humanos, marketing, producción y ventas viene a representar la posibilidad de integrar esos procesos en los cuales se desarrolla actividades que cualitativamente pueden ser buenas pero que cuantitativamente merecen un seguimiento exhaustivo semanalmente.

Matriz de Eficacia de Departamentos

Departamento	Objetivos Alcanzados	Objetivos Establecidos
Ventas	2	5
Marketing	2	5
Producción	2	5

Calcular Eficacia

Eficacia Total: 40.00%

Fuente: https://infune.blogspot.com/ Matríz eficacia.

En este caso al ejecutar la calculadora de matrices, se toma en consideración tres departamentos, abordando la posibilidad de un cumplimiento enfocado en dos objetivos cumplidos con respecto a un total de cinco se obtiene un nivel de eficacia del 40%.

En este caso los tres departamentos abordados para el objeto de estudio fueron marketing ventas y producción, entendiendo que en la actualidad las empresas y organizaciones se encuentran en la denominada sociedad del conocimiento, en la cual las interacciones se dan entre las personas en cuestiones de segundo y la confiabilidad en una empresa se puede ganar o perder al instante, teniendo un 40% de efectividad en esos tres departamentos obviamente sería necesario mantener la credibilidad de las operaciones que se realizan en la empresa sustentándola en la honestidad los valores y el altruismo.

Para que de esa manera se puede intentar promover un plan de acción que tome en consideración nuevas ideas y tecnologías sustentadas en la Inteligencia artificial, en el departamento de producción siendo el caso de un sistema gerencial se deben incorporar progresivamente nuevos gráficos que lleven a analizar de una mejor manera la realidad que se está generando en cada uno de los departamentos dentro de la empresa.

En un principio es posible que esos gráficos y estadísticas no sean de interés para todo el público que accede al sistema gerencial, más sin embargo cuando se intenta promover una presentación que permita explicar las bondades de integrar en un sistema gerencial ecuaciones de números irracionales imaginarios y matrices, estos gráficos pueden tener fundamental importancia para que otras empresas puedan comprender los esfuerzos que se están realizando desde la integración de un sistema gerencial que permita expandirse tomando en consideración el uso progresivo de las matemáticas y sus fórmulas.

Rendimiento del Departamento A (z1):

Rendimiento del Departamento B (z2):

Calcular Relación

Relación: -1 + 2i

Fuente: https://infune.blogspot.com/ Relación departamentos.

En la actualidad al hacer referencia a los indicadores inteligentes, estos deben ser posibles es por ello que en esta investigación se desarrolla un sistema gerencial, el cual está montado sobre un servidor local Host que interactúa con base de datos SQL, se ejecutan programas tomando en consideración PHP Java Script CSS y HTML. Esta integración de sistema Permite llevar la medición de los departamentos internos en cuanto a su eficiencia tomando en consideración cálculos realizados desde la perspectiva matemática enfocada en los números imaginarios, irracionales y matrices en función de la medición de los diversos procesos en los departamentos, de una empresa que se dedica a producir redes sociales.

Número Complejo z1:

Número Complejo z2:

Resolver Ecuación

Resultado: -1 + 2i

Fuente: https://infune.blogspot.com/ Calculadora ecuaciones complejas.

En este caso se desarrolló un modelo en función de el cálculo de ecuaciones complejas, en el cual se intenta comparar por ejemplo el desempeño entre dos departamentos de la empresa de redes sociales.

Este tipo de sistemas les permite a los gerentes manejar matemáticamente el desempeño real de dos departamentos, en el caso de una red social, obviamente debe tener un departamento encargado del marketing y otro de la producción del contenido.

 Para crear una ecuación con números imaginarios y resolverla en el contexto de un sistema gerencial, podemos considerar un ejemplo práctico. Supongamos que estamos analizando el rendimiento de dos departamentos en una empresa, donde cada departamento tiene un rendimiento representado por un número complejo.

En un sistema gerencial, esta ecuación podría interpretarse como la combinación de los rendimientos de dos departamentos, donde la parte real (x) representa el rendimiento tangible (por ejemplo, ingresos) y la parte imaginaria (y) podría representar factores intangibles (por ejemplo, satisfacción del cliente).

Sistema Gerencial de Números Complejos

Número Complejo z1:

2

Número Complejo z2:

3

Resolver

Suma: 5

Resta: -1

Multiplicación: 6

División: 0.6666666666666666

Fuente: https://infune.blogspot.com/ suma, resta, división y multiplicación.

Es necesario entender que en la actualidad cuando se hace referencia a una empresa que genera una red social, en el marco de los objetivos inteligentes se debe establecer una meta de crecimiento mensual, en función de nuevo usuarios para la red. Es por ello que se debe de generar un contenido innovador desde el departamento de creación de contenido, pero definitivamente el gerente del departamento mercadeo tiene que conocer acaba liga todo eso contenido que se están generando para así poder señalar nuevas ideas creativa de manera que lleguen al mercado y esto sube cumpla con la mesa de crecimiento de usuario establecida en la red.

Resolución de Ecuaciones

Costo variable por unidad (a):

| 2 |

Costo fijo adicional (b):

| 3 |

Otro costo fijo (c):

| 4 |

Costo total (C):

| 5 |

Resolver

Cantidad de unidades producidas (x): -1

Fuente: https://infune.blogspot.com/ Unidades producidas.

En la actualidad es necesario que todo sistema gerencial, pueda tomar en consideración las unidades producidas durante cada mes. Es por ello que en esta investigación se desarrollaron a partir de código de programación, una serie de calculadoras que permite manejar y evaluar el costo en cada departamento de la empresa, para Sí también poder tomar en consideración las unidades que se han producido.

En el objeto de estudio se establece un sistema gerencial, que incorpora el desarrollo e implementación de un servidor, aplicaciones, calculadoras que definitivamente van a permitir, establecer un modelo matemático, que logre cuantificar a través de números imaginarios, irracionales y matrices, los procesos y relaciones que se dan en los departamentos dentro de la organización.

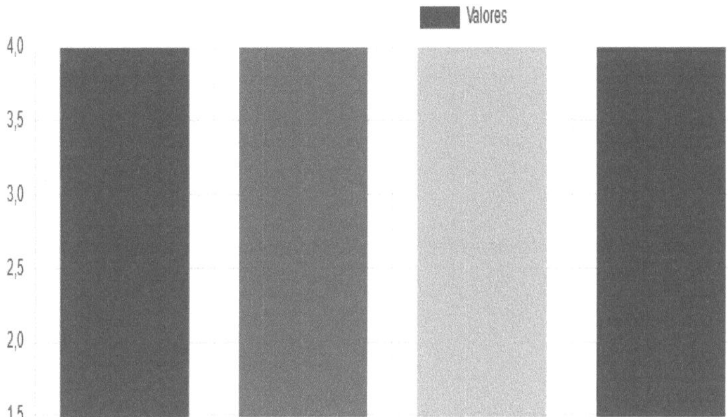

Fuente: https://infune.blogspot.com/ Valores de las unidades producidas.

Es necesario comprender que ese resultado final se puede evaluar mensualmente desde cada departamento, en el caso que es objeto de estudio definitivamente una red social necesita comenzar a ver el crecimiento de sus usuarios lo más pronto posible para poder establecer a su vez relaciones comerciales con otras empresas.

En el caso des estudio, se desarrolla un sistema gerencial, que incorpora tecnología de servidor, aplicaciones, bases de datos conjuntamente con programas y calculadoras, para así poder dar sustento teórico y practico a las actividades que se desarrollen dentro de la institución. En el caso orientado a una universidad obviamente existe un departamento de control de estudios, recursos humanos, dirección entre otros. En función de ellos se puede llevar un registro del personal docente y administrativo en un componente del sistema, que en este caso seria el sistema de recursos humanos.

El gráfico muestra los valores de cada uno de estos componentes y la cantidad de unidades producidas (x).

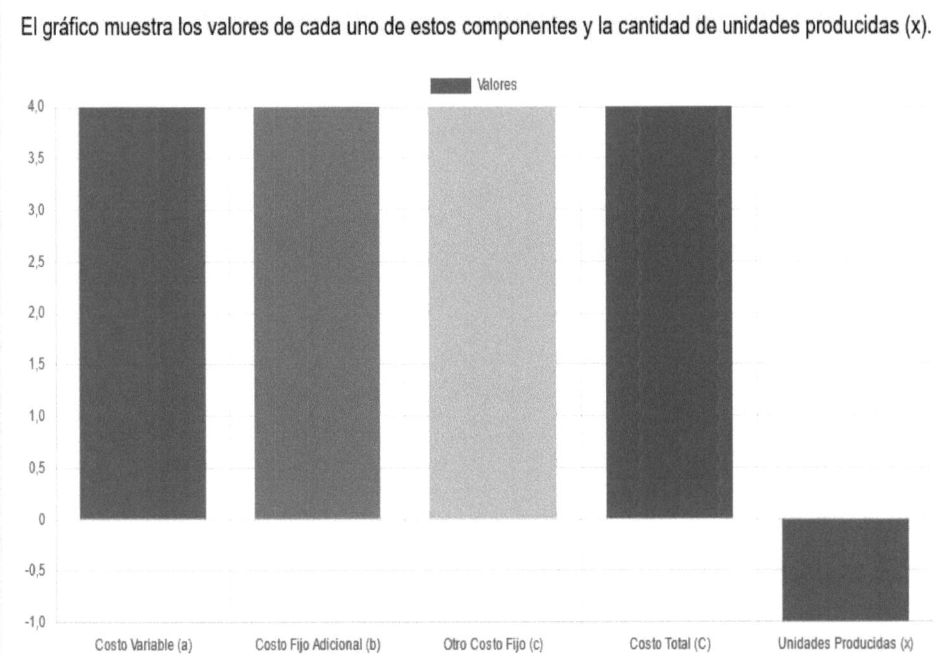

Fuente: https://infune.blogspot.com/ Valores componentes.

En este caso se intenta promover con la integración de diversos departamentos una red social, que permita integrar seguidores a nivel mundial manteniendo un esquema de objetivos verdaderamente alcanzables. Es necesario tomar en cuenta algunas empresas exitosas del mercado, en algún momento del desarrollo de los procesos productivos puede ser un referente importante a tomar en consideración.

En la investigación se logró desarrollar un modelo matemático, que permite calcular la eficacia, eficiencia, relaciones de los departamentos, la intención es incorporar tecnologías que permitan a largo plazo reducir los costos y ser mucho más productivos. Es necesario comprender que la utilización de la inteligencia artificial, viene a ser un elemento importante para dinamizar los procesos gráficos o la simulación de eventos, lo cual permite a nivel de la investigación entender la importancia de incorporar una nueva tecnología y su posible aplicación.

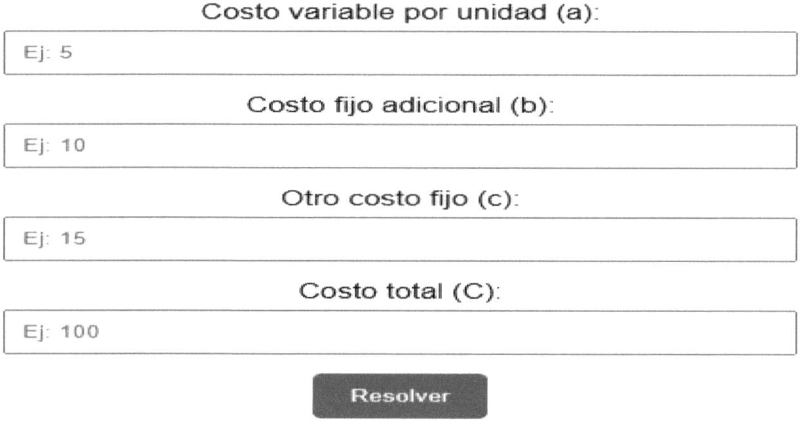

Fuente: https://infune.blogspot.com/ Resolución de ecuaciones.

En ese caso es necesario destacar que han habido empresas de redes sociales que han logrado alcanzar más de mil millones de descargas de sus aplicaciones, en ese sentido se hace necesario destacar que comenzar desde un esquema tradicional de servidor es algo importante pero pensar en función del corto plazo a más tardar un año en la posibilidad de proyectar, la red social hacia esquemas globales entonces definitivamente integrar el esquema de aplicación en los procesos para su descarga a nivel global en función de los sistemas Android y iOS debe ser una prioridad alcanzable en el corto plazo para todo gerente de sistema gerencial.

Establecer un modelo matemático que permita calcular ecuaciones complejas, irracionales y matrices, en la organización permitirá comprender a profundidad esas situaciones que nivel cualitativo se están gestando dentro de la organización, pero que, al ser evaluadas desde el nivel cuantitativo, se puede comenzar a realizar un seguimiento de su evolución. Obviamente que está tecnología debe de venir acompañada de otro tipo de sistemas, que pueden estar vinculados con el desempeño de cada departamento, en ese sentido, recursos humanos, marketing y producción pueden tener de acuerdo a sus necesidades sus propios sistemas.

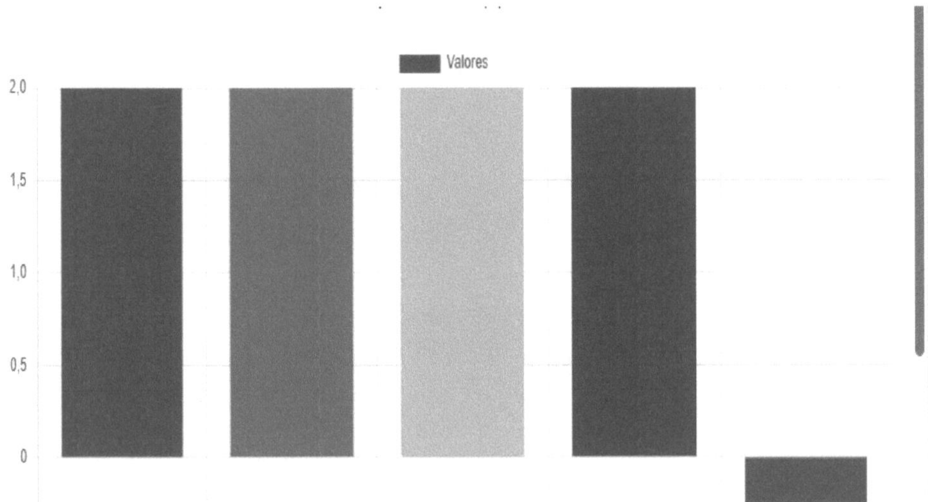

Fuente: https://infune.blogspot.com/ Unidades producidas.

Definitivamente cuando se dicta una cátedra enfocada a los sistemas gerenciales en la universidad, los participantes llegan con una alta expectativa, sobre todo aquellos que están en su proceso de formación como gerentes de marketing, administrativos o empresariales. En ese sentido es necesario otorgarle las alas que ellos desean a todos esos estudiantes que se encuentran ávidos de conocimientos, un primer momento intentar descubrir cuáles son sus motivaciones debe ser la prioridad en la clase.

Cuando se establece un servidor Localhost, para desarrollar un sistema gerencial, se pueden agregar archivos de forma continua, para así lograr mejorar cada día los procesos en la organización. Es necesario comprender que este sistema es ejecutado desde un computador en la organización que, al ser configurado como servidor, puede dar sustento a los procesos internos ye externos. Para así utilizar esas herramientas matemáticas sustentadas en los cálculos de números complejos, irracionales y matrices, que puedan conducir a evaluar la productividad de los departamentos, sus relaciones, eficacia y eficiencia, para así avanzar cuantitativamente en la gestión efectiva de la organización.

Fuente: https://infune.blogspot.com/ Costo total.

Es necesario entender que también un líder empresarial se puede encontrar en la situación o necesidad de implementar un sistema gerencial, y esto puede motivar a los trabajadores para comenzar a cumplir esas metas establecidas en los indicadores inteligentes.

En el caso de una empresa enfocada en el desarrollo de redes sociales, es necesario entender que se debe incorporar personal enfocado al área de programación y diseño gráfico, los cuales deben de trabajar de manera mancomunada para poder lograr esos objetivos establecidos en el nivel gerencial, y que sin duda alguna no solamente deben estar enfocados en ganar nuevos usuarios sino tener las herramientas necesarias disponibles para enganchar a esas personas para que utilicen diariamente la red social, y así el área de negocio financiero pueda crecer cada día más.

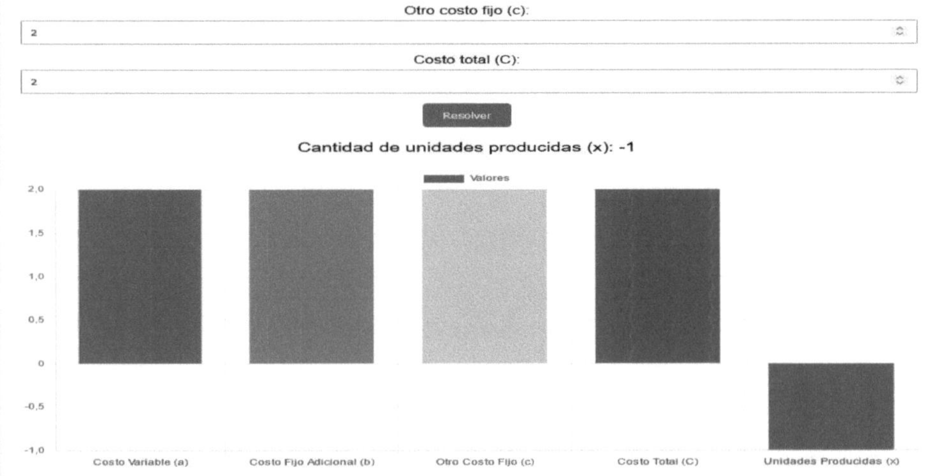

Fuente: https://infune.blogspot.com/ Costos y unidades producidas.

Definitivamente desarrollar un sistema gerencial en función de una empresa tecnológica enfocada en las redes sociales, viene a hacer un reto verdaderamente fascinante que debe incorporar herramientas de programación en función de cuantificar todos esos procesos que se están desarrollando en los departamentos de la empresa.

Cuando se imparte una cátedra enfocada en el desarrollo de sistemas gerenciales, definitivamente se debe de tomar en consideración la percepción de los participantes ya que algunos de ellos posiblemente han ocupado cargos gerenciales, en el área de recursos humanos financiera o marketing.

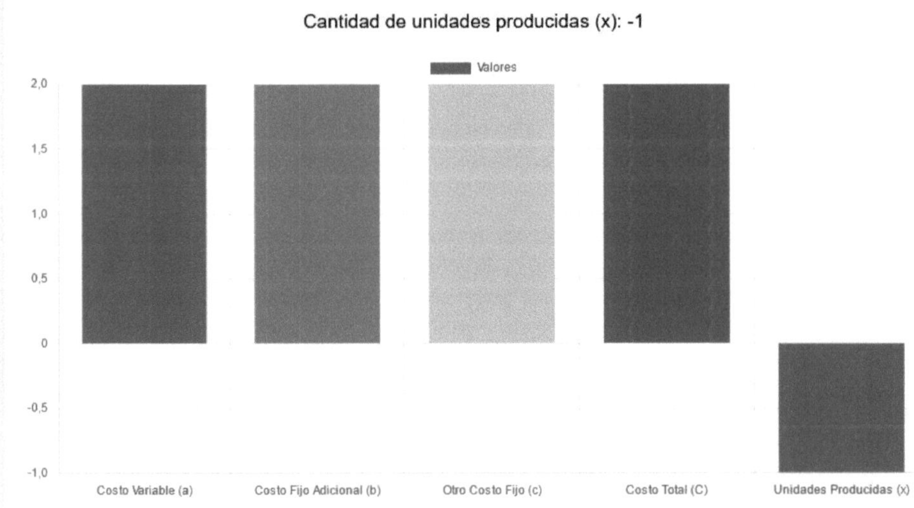

Fuente: https://infune.blogspot.com/ Unidades producidas.

En este sentido es necesario comprender que todo líder de proceso que esté intentando implementar en la actualidad indicadores inteligentes, debe entender que incorporar este tipo de sistemas que generan gráficos les permite a todas las partes que intervienen y departamentos comprender los procesos que se están desarrollando.

Definitivamente establecer indicadores que le den relevancia en el corto plazo a la red social va a ser algo fundamental, en ese sentido establecer una infraestructura tecnológica de Hardware y Software que permita desarrollar la integración de sistemas de Inteligencia artificial Como por ejemplo en la actualidad reconocimiento de voz viene a ser un papel fundamental que sin duda alguna, viene a representar un elemento de interacción de gran dinámica para la red social que va a ser interpretado como algo positivo desde el nivel de los usuarios. En el objeto de estudio se desarrolla una red social que incorpora bases de datos estructuradas sobre SQL, en la cual se van a manejar tablas como comentarios, usuarios, mensajes y me gusta.

Nombre	Fecha de modificación	Tipo	Tamaño
comments.sql	6/9/2024 1:54 a. m.	Archivo SQL	1 KB
index	6/9/2024 1:49 a. m.	Firefox HTML Doc...	1 KB
likes.sql	6/9/2024 1:54 a. m.	Archivo SQL	1 KB
messages.sql	6/9/2024 1:55 a. m.	Archivo SQL	1 KB
posts.sql	6/9/2024 1:53 a. m.	Archivo SQL	1 KB
register	6/9/2024 1:51 a. m.	Archivo PHP	1 KB
users.sql	6/9/2024 1:52 a. m.	Archivo SQL	1 KB

Fuente: https://infune.blogspot.com/ Bases de datos sistema gerencial.

En el objeto de estudio se construye un sistema desde un Localhost servidor que puede almacenar 100 GB de almacenamiento, lo cual es una infraestructura que en los primeros tres meses de operación del sistema gerencial le va a permitir a los usuarios internos y externos poder realizar sus diversas actividades.

Se establece una base de datos SQL, porqué la función principal del sistema gerencial es otorgarle a los usuarios herramientas gerenciales, que al ser implementadas desde una visión práctica con el uso de las ecuaciones imaginarias, irracionales y matrices, le permita a los usuarios desarrollar cálculos prácticos para hacer un seguimiento de los indicadores inteligentes dentro de las organizaciones y así poder entender qué sucede dentro de sus departamentos de una manera cuantificable y lógica.

Fuente: https://infune.blogspot.com/ Email sistema gerencial.

Desde la visión Back en el sistema realizado con el lenguaje programación PHP, se pueden incorporar herramientas CRUD, las cuales permiten crear, leer y actualizar datos dentro del sistema gerencial. El registro de contraseña segura Dentro de este sistema gerencial es fundamental, por ello se implementa la función Password hash, la cual desde la visión Back End de PHP le otorga una mayor seguridad a las contraseñas que los usuarios almacenen dentro del sistema gerencial.

Cuando se elabora un sistema gerencial que tiene como fundamento el desarrollo de aplicaciones y calculadoras matemáticas que realizan cálculos con números imaginarios, irracionales y matrices, se puede contar con herramientas que al introducirles los datos con respecto a un departamento o proceso, te permitirá evaluar sistemáticamente una situación, vinculada con la eficacia, eficiencia o relaciones entre procesos y departamentos.

Registro

Nombre de usuario:

Email:

Contraseña:

Registrarse

Fuente: https://infune.blogspot.com/ Contraseña sistema gerencial.

La validación de los datos dentro del sistema viene a jugar un papel fundamental, por ello se requiere validar la información de ingreso de cada usuario, por ello es importante que los usuarios puedan introducir al sistema un tipo de contraseña que combine iniciales en mayúscula, letras con números y símbolos, de esa forma se está intentando promover un uso mucho más seguro del sistema. Es necesario incorporar dentro del sistema gerencial, los manuales de usuario y sistema.

En el primer caso se enfoca todo lo vinculado con esa aproximación teórica de las personas que navegan en la internet al sistema que en un principio se puede presentar como una red sociable amigable que puede ser operada desde la visión del objeto, es decir, pueden sencillamente al presionar los botones desde la pantalla comenzar a utilizar los servicios de calculadora que se presentan en la red social.

Nombre	Fecha de modificación	Tipo	Tamaño
comments.sql	6/9/2024 2:09 a. m.	Archivo SQL	1 KB
index	6/9/2024 2:11 a. m.	Firefox HTML Doc...	1 KB
likes.sql	6/9/2024 2:10 a. m.	Archivo SQL	1 KB
messages.sql	6/9/2024 2:10 a. m.	Archivo SQL	1 KB
posts.sql	6/9/2024 2:09 a. m.	Archivo SQL	1 KB
register	6/9/2024 2:12 a. m.	Archivo PHP	1 KB
users.sql	6/9/2024 2:08 a. m.	Archivo SQL	1 KB

Fuente: https://infune.blogspot.com/ Archivos sistema gerencial.

Pero también es importante presentar un manual de sistema de la red social con un enfoque de sistema gerencial, es por ello que se presentan las pantallas de cada uno de los archivos y bases de datos que componen el sistema. Desde el punto de vista del Back End es necesario entender que todo sistema gerencial que tenga un enfoque de red social puede ser expandido de acuerdo a las innovaciones tecnológicas que se están gestando en la realidad.

Es importante establecer una triada matemática, que otorgue elementos cuantitativos, para la toma de decisiones, a través del uso de calculadoras, que al ser integradas en el sistema gerencial le va a permitir al líder de los procesos, tomar las acciones que sean necesarias para mejorar la productividad. En este caso se toman en consideración bases de datos en SQL, para poder llevar un registro de los usuarios del sistema y sus actividades en línea.

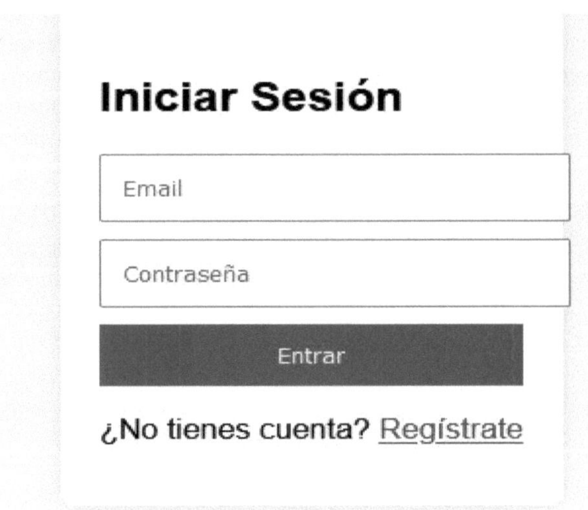

Fuente: https://infune.blogspot.com/ Inicio sesión sistema gerencial.

Es por ello que se hace necesario mostrar las formas de inicio de sesión y de registro al sistema, el cual desde la perspectiva Front End se presenta de manera amigable, así los usuarios pueden sentirse totalmente familiarizado con el sistema que están utilizando para motivarse a registrarse que sería en este caso lo ideal para incrementar cada día más el nivel de usuario dentro del sistema que se pretende impulsar.

Fuente: https://infune.blogspot.com/ Registro sistema gerencial.

En este caso el registro se representa por el nombre, correo y contraseña del usuario, el cual va a ser almacenado dentro de una base de datos SQL, dentro del servidor Localhost. Para poder garantizar el uso del sistema las 24 horas es necesario tomar en consideración la red eléctrica tradicional pero también, la incorporación de paneles solares como fuente de energía alternativa viene a ser un elemento verdaderamente fundamental para darle la continuidad necesaria que están esperando los usuarios a nivel global.

Es necesario entender que, al desarrollar un sistema gerencial, tomando en consideración un modelo matemático, que integra números imaginarios, irracionales y matrices, se pueden abordar las relaciones, eficacia y eficiencia de los departamentos, que integran la organización. Entendiendo con claridad que al agregar aplicaciones que pueden ser instaladas en el teléfono inteligente, se puede lograr evaluar y realizar cálculos en cualquier momento, ya que se hace necesario tomar decisiones, y cuando se observa la evolución y los gráficos, se puede tener una mayor comprensión, de lo que ocurre en la organización.

Departamentos de Redes Sociales

Marketing

Responsable de la promoción y publicidad.

Contenido

Encargado de la creación y gestión de contenido.

Analítica

Se enfoca en el análisis de datos y métricas.

Fuente: https://infune.blogspot.com/ Departamentos redes sociales.

Definitivamente poder contar con una energía limpia que alimente el servidor viene a ser fundamental, en muchas ocasiones se logró observar en algunos sistemas financieros a nivel global, que cuando el usuario intenta acceder le genera un mensaje de que el servidor se encuentra en mantenimiento, en el caso de una red social que implemente calculadoras para dar un apoyo gerencial a las empresas e instituciones, es necesario entender que siempre se debe de tener un respaldo de la información en un servidor en la nube, para que cuando sea necesario restablecer el servicio se pueda realizar de manera pronta y oportuna.

Ecuaciones de Números Complejos

Fuente: https://infune.blogspot.com/ Números complejos.

En el desarrollo de un sistema gerencial con enfoque basado en la red social, es necesario comprender que pueden intervenir diferentes departamentos los cuales pueden ser analítica, contenido y marketing.

En el caso del departamento de analítica, va a recopilar información relevante de las necesidades del mercado, y una vez que ha obtenido un resumen importante esa información puede ser clave para el desarrollo de nuevos productos dentro de la red social con un enfoque de sistema gerencial.

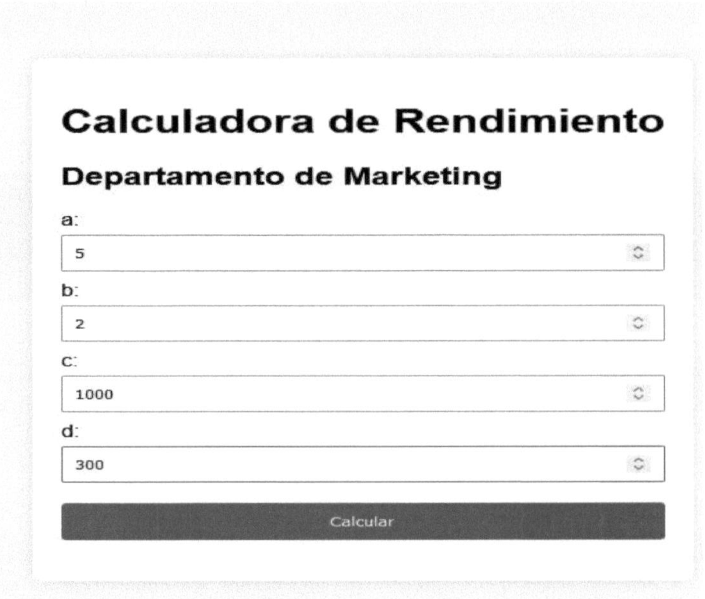

Fuente: https://infune.blogspot.com/ Rendimiento departamento marketing.

En el caso del departamento de marketing y contenido deben de trabajar de manera conjunta, ya que todos esos sueños que se están haciendo realidad para los usuarios deben ser difundidos a través del departamento de mercadeo.

Definitivamente al hacer referencia a los llamados indicadores inteligentes, el departamento de marketing puede realizar una campaña exitosa con el uso de imágenes sustentadas en Inteligencia artificial que estén en el marco del contenido que se está desarrollando dentro de los programas.

Así se podría evaluar por ejemplo que una campaña exitosa para la red social puede manejar en un periodo de un año aproximadamente 100,000 nuevos suscriptores, definitivamente superar esa meta vendría a ser algo que realmente debería celebrarse dentro de toda la organización. En este caso se realiza un programa que incorpora el número de campañas exitosas en el departamento de marketing, campañas fallidas, alcance promedio de campaña, y enganche obtenido.

Calculadora de Rendimiento

Departamento de Marketing

a:

| 2 | |

b:

| 2 | |

c:

| 2 | |

d:

| 2 | |

Calcular

Resultado: 0 + 8i

Fuente: https://infune.blogspot.com/ Rendimiento departamento marketing.

En el marco o contexto de un departamento de marketing, pueden ocurrir campañas fallidas, pero deben de superarse lo más pronto posible. En ese momento el departamento de contenido puede ayudar a contribuir a mejorar lo que se está realizando, en este caso específico cuando se intenta implementar la utilización de números complejos, irracionales y matrices, se intenta dinamizar el uso de las matemáticas para potenciar las actividades dentro de las organizaciones y empresas, de esa manera se pretende que ese elemento tan importante como lo es la productividad sea potenciado al máximo.

En este caso la resolución de un ejercicio práctico enfocado al área del marketing dio como resultado 0 + 8i, un valor que puede ser realmente es importante sobre todo si consideramos i como la impresión positiva de las personas y gerentes para poder tomar decisiones prácticas en función de la dirección de sus empresas u organizaciones.

Así de esa forma se puede contribuir de manera positiva con el uso de las matemáticas, aplicando los cálculos imaginarios tomando como referencia ciertas escalas que le permitan a la persona evaluar cuantitativamente, la percepción de los sistemas que se están implementando dentro de la red social en función de una gerencia efectiva y proactiva.

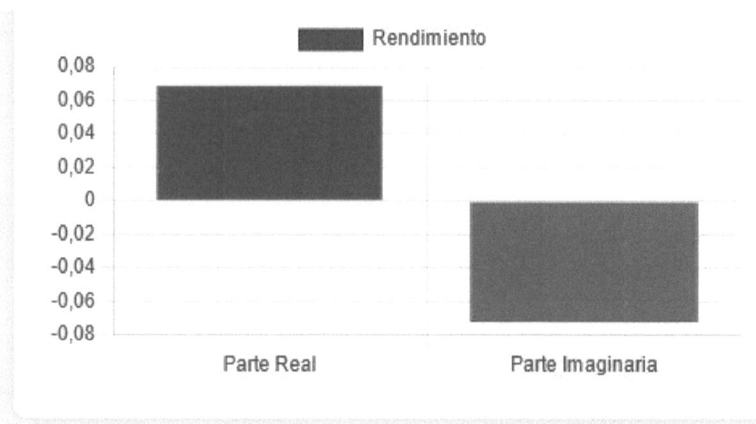

Fuente: https://infune.blogspot.com/ Rendimiento departamento contenido.

Cuando se intenta desarrollar un emprendimiento enfocado a una red social desde el hogar o si se ha crecido y se integran departamentos, es necesario poder contar con un departamento de contenido que sea eficiente, capaz de generar un contenido de actualidad para que las personas se sientan identificadas con la red social. Es necesario comprender que en el caso de las redes sociales la relación de contenido puede estar vinculada con la creatividad, y en el caso de generarse un contenido que se haga viral puede resultar mucho más eficiente que otros cien que mantengan un comportamiento tradicional.

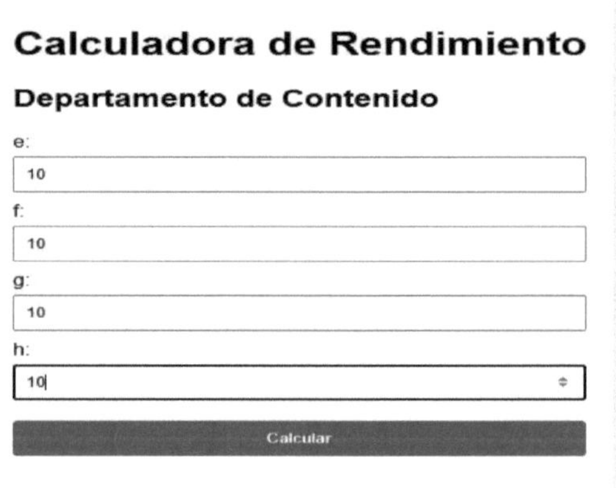

Fuente: https://infune.blogspot.com/ Rendimiento departamento contenido.

Definitivamente al evaluar el departamento de contenido, cuando se hace referencia a la cantidad de interacciones que obtienen los contenidos, sí definitivamente es un elemento fundamental que se debe tomar en cuenta. En la medida que un contenido nuevo genera mayores interacciones debe ser tomado más en cuenta, por ejemplo, si se crea una plantilla dentro de la red social que le permite a las personas calcular los números complejos y da buenos resultados puede no solamente mantenerse, sino que se debe agregar una escala para evaluar los resultados de los contenidos imaginarios o cálculos que puedan estar implícitos dentro de una ecuación.

En el fondo lo que se debe intentar al observar un incremento en las interacciones, es buscar la manera de darle al usuario eso que ha venido obteniendo de una forma mejorada simplificada o ampliada. En un sistema de gerencia, es necesario tener en consideración todos esos aspectos cuantitativos, que conlleven a otorgarle al gerente esas herramientas matemáticas, de actualidad para poder visualizar a tiempo las circunstancias de eficiencia, eficacia y productividad que ocurren en los departamentos.

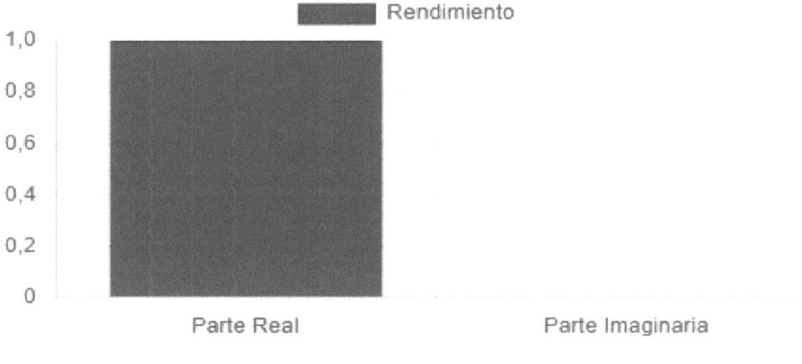

Fuente: https://infune.blogspot.com/ Rendimiento departamento contenido.

En un departamento de generación de contenido para una red social, es importante tomar en consideración el tiempo en el cual se desarrolla alguna determinada actividad, es necesario indicar que en estos momentos con el surgimiento de la Inteligencia artificial aquello que tradicionalmente se venía realizando con una programación a objeto, hoy en día se ve sencillamente simplificado con una instrucción de voz o con la introducción a través del teclado de un prompt, que viene a representar la posibilidad de que un procesador neuronal, tradicional o cuántico pueda interpretar una instrucción que es relatada de forma escrita y convertirla en una o muchas imágenes.

En cuanto a la revisión del contenido que se está desarrollando dentro de un departamento, es necesario entender que eso puede llevar cierto tiempo, y definitivamente en la medida que se toma más horas para revisar un contenido pues obviamente se debe de estar dando garantía a la calidad total del resultado final. Más sin embargo si se tiene la capacidad de implementar nuevas tecnologías de Inteligencia artificial que permitan el acabado final de un mayor nivel de calidad, seguramente el tiempo invertido en la revisión de los contenidos finales se irá reduciendo proporcionalmente.

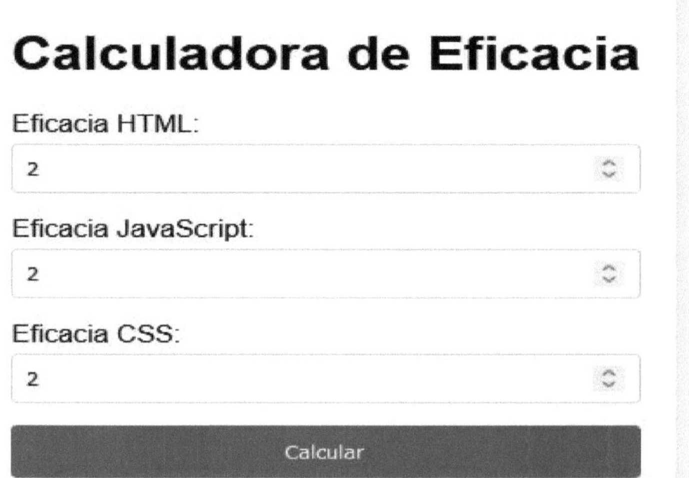

Fuente: https://infune.blogspot.com/ Sistema de eficacia.

La eficacia en este sistema de ecuaciones complejas estaría orientada hacia el desarrollo en HTML, Java Script, CSS, para así evaluar la eficacia de cada uno de esos programas en el entorno de aplicación del sistema gerencial, es necesario entender que CSS otorgaría los estilos del sistema, Java Script permitirá el desarrollo de las fórmulas y HTML la configuración general del sistema. En este caso al resolver estos valores se podría obtener como resultado 4,24 que seria un valor imaginativo cualitativo que podría estar asociado a la integración de dichos elementos de programación al sistema general.

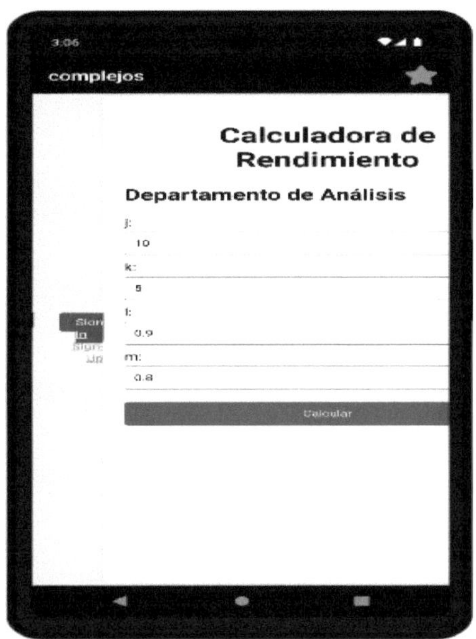

Fuente: https://infune.blogspot.com/ App rendimiento análisis.

Definitivamente cuando se intenta implementar un modelo matemático que integre ecuaciones complejas, irracionales y matrices, se está desarrollando un esfuerzo que pretende darle un apoyo a esos gerentes y líderes de empresas para la adecuada implementación de sus sistemas gerenciales.

Al tomar en consideración el departamento de análisis de redes sociales, se debe evaluar los patrones de relaciones existentes entre los usuarios, y en ese sentido se pueden generar informes que le permitan a todos los usuarios de la red social entender su comportamiento e interacciones con otros usuarios y con la red social como tal.

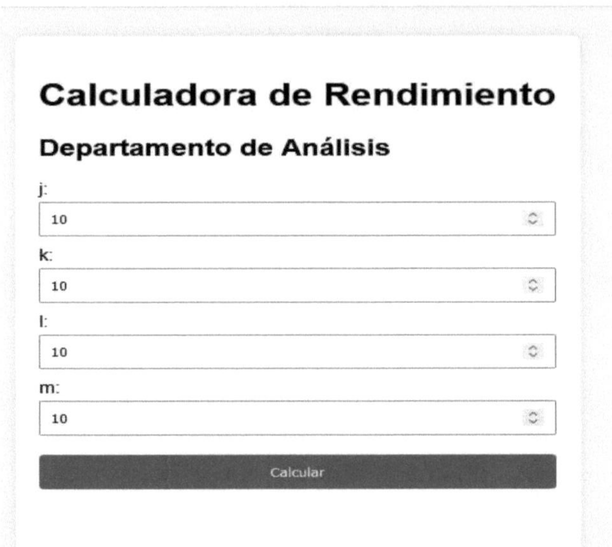

Fuente: https://infune.blogspot.com/ Rendimiento departamento de análisis.

Es necesario entender que el departamento de análisis de una red social debe de llevar las métricas asociadas al desempeño de la aplicación, es por ello necesario entender que si el departamento de marketing está desarrollando una campaña publicitaria para promover los contenidos de Inteligencia artificial de la red social aplicado a las matemáticas, entonces definitivamente eso debería de generar un resultado directamente proporcional que tenga que ver con la suscripción de personas o empresas afines al tema que se está intentando difundir.

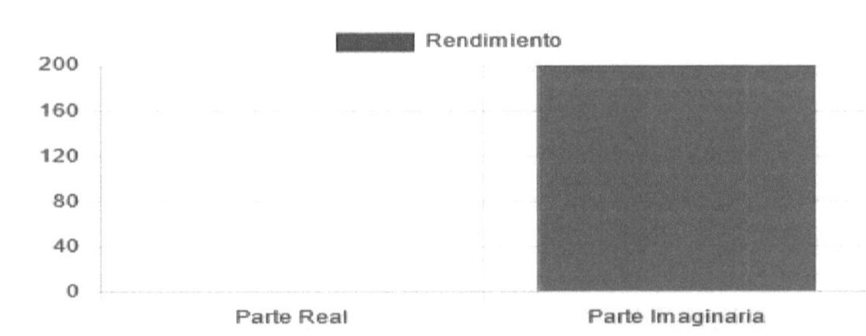

Fuente: https://infune.blogspot.com/ Gráfico Rendimiento.

La precisión de los informes generados por el departamento de análisis es realmente fundamental, en muchos casos se requiere tener influencia sobre los habitantes de esos países desarrollados, para poder captar a su vez clientes que potencialmente puedan patrocinar las actividades que se están gestando dentro de la red social.

En ese sentido se haría indispensable poder contar con un análisis de todas aquellas direcciones IP que están ingresando al servidor, para poder determinar cuántos usuarios están accediendo desde países desarrollados o países en vías de desarrollo.

Fuente: https://infune.blogspot.com/ Rendimiento.

En cuanto a la velocidad de los análisis del departamento, se hace necesario entender que muchas veces manejar este tipo de estadística de manera gráfica visualmente puede representar la posibilidad de realizar análisis mucho más rápido y de mayor profundidad.

Es hoy en día necesario entender que muchas redes sociales intentan dar un enfoque orientado a los habitantes de esos países desarrollados, que es donde se encuentran en teoría esas grandes empresas que pueden llegar a patrocinar campañas publicitarias que sean de beneficio para los ingresos netos de la empresa.

Entonces se hace imperioso no solamente analizar las direcciones IP que están ingresando al servidor principal, sino también tener la posibilidad de contar con un programa que transforme esas direcciones en un gráfico que represente los diferentes continentes del planeta Tierra, y con diferentes tonalidades de colores a su vez venga a mostrar la cantidad de personas que están accediendo desde cada uno de los países.

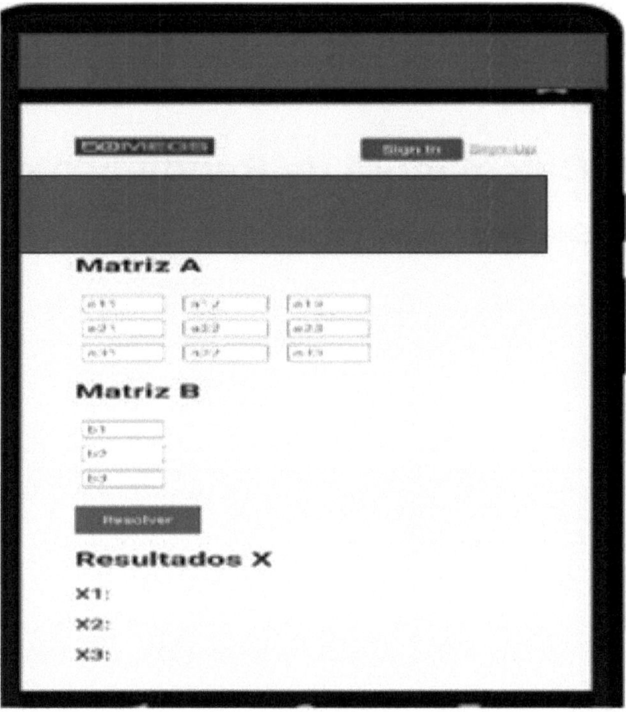

Fuente: https://infune.blogspot.com/ App ecuación matríz.

Es necesario entender las ecuaciones matriciales que se enfocan directamente en el cálculo multivariable, en este ejemplo se abordan dos departamentos de la red social los cuales pueden ser contenido y marketing. En teoría en la medida que se incrementen las interacciones positivas fundamentadas en el respeto, la comunicación, el deseo de progreso mutuo, los resultados de estas matrices deberían de ser mucho más elevados indicando que la interacción da mayores niveles de productividad.

Resolución de Ecuación Matricial

Matriz A

a11	a12	a13
a21	a22	a23
a31	a32	a33

Matriz B

b1
b2
b3

Resolver

Resultados X

X1:

X2:

X3:

Fuente: https://infune.blogspot.com/ Ecuación Matricial.

Es necesario entender que en un cálculo matricial no solamente se pueden abordar las relaciones entre los departamentos, sino que también se puede representar el rendimiento que se ha venido teniendo de esa interacción entre los departamentos. En teoría mientras más alto sean los valores obtenidos de rendimiento, significa que las interacciones que se han venido gestando están dando buenos resultados.

Como ejemplo práctico se podría expresar la relación entre el departamento de contenido y marketing, mientras más alto sean los rendimientos obtenidos en teoría esas campañas publicitarias podrían estar llegando a mayor cantidad de usuarios que se ven reflejados en registros certeros dentro de la red social.

Resultados X

X1: -1.0000000000000018

X2: -2.0000000000000018

X3: 5.000000000000007

Fuente: https://infune.blogspot.com/ Matriz.

En cuanto a los resultados observados definitivamente las analíticas obtenidas derivadas del ingreso de diferentes usuarios a la red social, van a permitir entender qué tanto se ha logrado incrementar con el trabajo realizado el alcance al público esperado globalmente. En este caso como resultado de las interacciones se obtuvo el valor -1, en cuanto al rendimiento -2 y el resultado final 5.

Definitivamente a partir de este análisis se deben de promover acciones entre los departamentos para incrementar el nivel de interacciones que conduzcan a un mayor rendimiento, manteniendo los resultados obtenidos o en el mejor de los casos tratando de establecer ideas innovadoras para seguirlos incrementando.

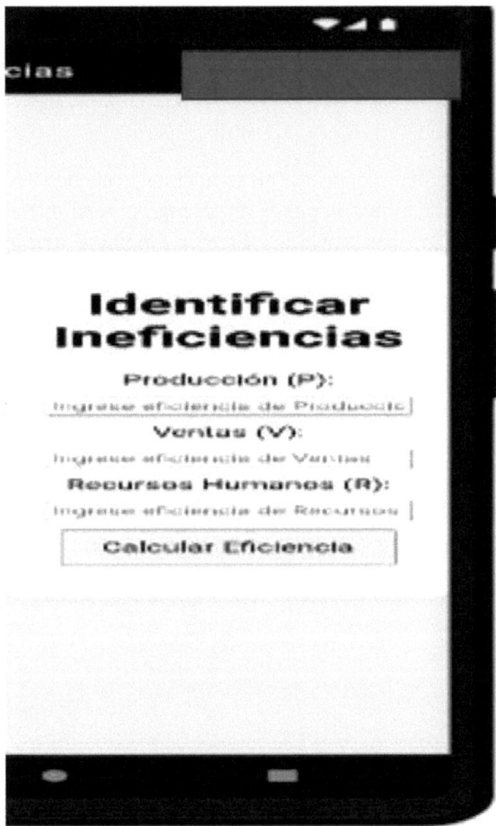

Fuente: https://infune.blogspot.com/ App ineficiencias.

En el objeto de estudio se desarrolla una aplicación que permita identificar las ineficiencias en tres departamentos enfocado producción venta y recursos humanos, en ese sentido cuando se está desarrollando un negocio de red social obviamente se tiene un cliente interno que viene representado por el recurso humano, en la medida que esté capacitado en las nuevas tecnologías de información y la Inteligencia artificial, se podrían obtener mejores resultados en cuanto al producto final.

Es importante comprender que la red social que se está desarrollando con un enfoque de integración de ecuaciones matemáticas y aplicaciones, aunque en un principio no ofrece un producto tangible directamente para la venta, si se busca mantener las operaciones a través de esos ingresos especiales que puedan provenir de la inserción de publicidad de una tercera empresa dentro de la red social.

Identificar Ineficiencias

Fuente: https://infune.blogspot.com/ Eficiencia.

En cuanto al departamento de producción en el objeto de estudio se podría hacer referencia a esa área enfocada al diseño y la programación, por una parte, en la medida que se desarrollan nuevos diseños más llamativos y creativos eso puede ayudar a que con el paso del tiempo las personas se sientan más enganchadas o deseen interactuar más con el sistema.

En cuanto al área de programación en este caso se enfoca a desarrollar programas con un fundamento sustentado en las ecuaciones matemáticas, que conlleven a resolver problemas en los diferentes departamentos de una red social.

Es necesario entender que, en este caso al hablar de ineficiencias en el desempeño de los departamentos, mientras menores sean las pérdidas o errores en los programas pues se va a hacer referencia a menores ineficiencias definitivamente. En este ejemplo práctico se toma en consideración el valor número 22 para los departamentos de producción ventas y recursos humanos, y al realizar los cálculos dio un resultado final de eficiencia de 14,07.

Definitivamente cuando se hace referencia a la eficiencia se puede destacar la relación que existe a la hora de realizar las actividades que se desean, mientras que un nivel de eficacia alto nos puede determinar que las actividades se están realizando en un corto periodo de tiempo maximizando así el aprovechamiento de las horas.

En un nivel de eficiencia aceptable se hace referencia a que se puedan cumplir las metas progresivamente, para así poderle dar respuesta oportuna a los clientes que en este caso vienen a ser todos los usuarios que se conectan a través del servidor en la red social.

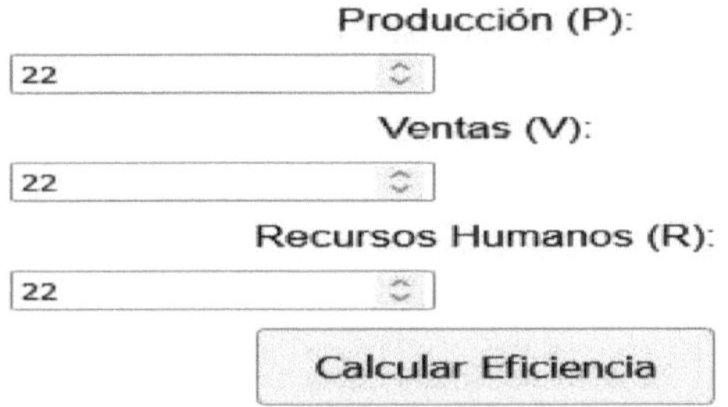

Fuente: https://infune.blogspot.com/ Eficiencia.

Definitivamente en toda red social que está comenzando se requiere incrementar las ventas al máximo, por ello es fundamental que el departamento de ventas se relacione directamente con el departamento de analítica que maneja las métricas enfocadas directamente al impacto de la red social en los diversos países del mundo.

En ese sentido hoy en día existen empresas en los países desarrollados que le ofrecen teletrabajo a muchas personas desde su hogar, en algunos casos son denominadas empresas de servicios de trabajo en línea, en los cuales las personas pueden realizar diferentes actividades como por ejemplo traducciones, programación o sencillamente prestar el servicio de atención al cliente vía telefónica.

En ese sentido una red social puede establecer un pequeño espacio publicitario para ese tipo de empresas y así desarrollar una relación de ganancia. En el caso que se está desarrollando una red social con un enfoque de ecuaciones matemáticas sustentadas en programas y aplicaciones, se puede establecer relaciones con las grandes redes sociales desarrollando contenidos multimedia que expliquen los beneficios del uso de esta red social a nivel estudiantil, gerencial o gubernamental.

Identificar Ineficiencias

Producción (P):

333

Ventas (V):

333

Recursos Humanos (R):

333

Calcular Eficiencia

La eficiencia total es: 54.74
El sistema está funcionando de manera óptima.

Fuente: https://infune.blogspot.com/ Ineficiencias.

En este caso cuando se asignan valores al departamento de producción, ventas y recursos humanos igual a 333, la eficiencia final obtenida fue de 54.74, lo cual viene a ser una mejora sustancial con respecto al ejercicio anteriormente resuelto. En este caso resolver esta ecuación irracional a través de este programa, se logró determinar que en la medida que se incrementan los valores asociados a producción, ventas y recursos humanos, también se puede incrementar proporcionalmente el nivel de eficiencia general obtenido en la red social.

Este tipo de cálculo permite entender que desde el departamento de producción se están generando nuevos contenidos que captan mayor la atención de los usuarios, cuando se está capacitando al personal de una mejor manera en torno a las nuevas tecnologías para que implementen programas que sean efectivos, llamativos, y adicionalmente a esto se logran establecer relaciones con terceras empresas que tributen positivamente en el desempeño de la red social. En ese instante se logrará obtener un mayor nivel de eficiencia de manera global en la red social, lo cual en un inicio podrá verse representado en una mayor satisfacción de los usuarios que ingresan a la red o sencillamente en el corto plazo de un año un incremento sustancial del nivel de registro de usuarios establecidos en la red.

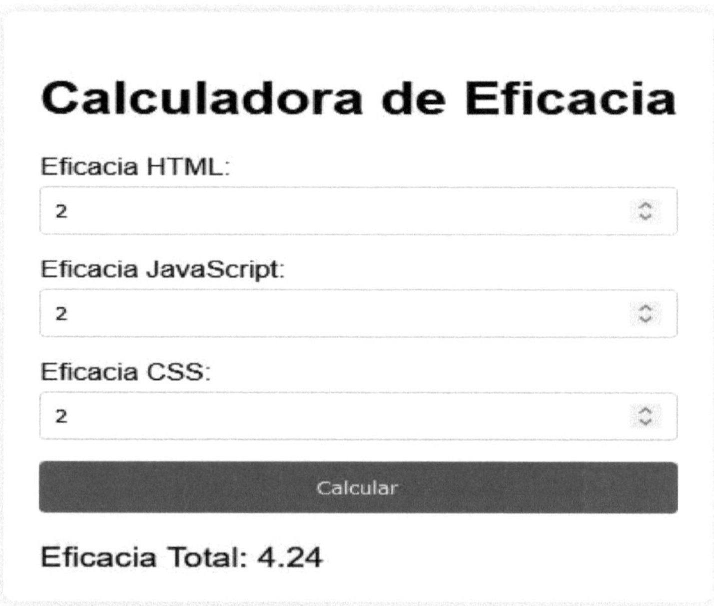

Fuente: https://infune.blogspot.com/ Eficacia.

En este caso se incorpora dentro de sistema gerencial una calculadora de eficacia, que va a permitir medir las actividades realizadas en HTML, Java Script, CSS, ese caso asignando un valor de 2 a cada elemento se logró obtener un resultado final de 4.24 de eficacia.

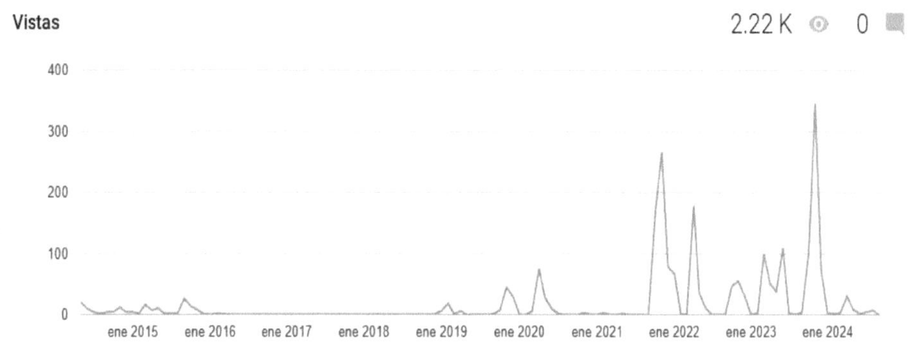

Fuente: https://infune.blogspot.com/ Vistas.

Cuando se imparte la cátedra de sistemas de información gerenciales, es necesario intentar incorporar la mayor cantidad de sistemas que interactúan entre sí, ya que los participantes están ávidos de conocimientos de sistema que les permitan gerenciar las instituciones u organizaciones que a ellos les interesa dirigir o ya están dirigiendo.

En este caso se les asignó un blog, para que ellos pudieran estudiar cada uno de las unidades establecidas dentro de la visión gerencial de sistemas que se intenten impartir, desarrollando videos e imágenes multimedia para de esa forma tratar de impactar los cinco sentidos de los estudiantes que acceden a la información.

El contacto a través de WhatsApp no solamente permite presentar las listas de asistencia donde están reflejados los estudiantes y el profesor, sino que también va a conllevar la posibilidad de presentar estructuralmente durante cada semana del curso de estudio esas asignaciones que deben desarrollar los participantes bajo la supervisión del profesor de la cátedra.

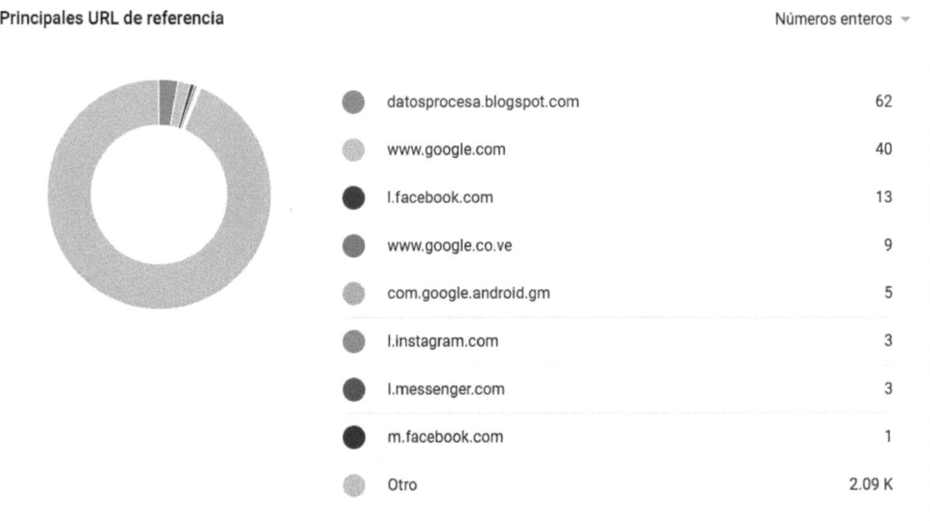

Fuente: https://infune.blogspot.com/ URL.

En este caso se puede decir que la confianza se gana lo cual viene a significar que en la medida que los participantes observan que el contenido es de actualidad, incorpora herramientas de matemáticas, informática para su posible utilización en el mercado laboral, eso le viene a otorgar al estudiante la seguridad que requiere para sentirse que el tiempo que está implementando en cursar dicha unidad curricular de sistemas de información gerencial, al fin y al cabo va a ser totalmente válido porque va a tributar positivamente en su formación profesional efectiva.

Vistas de página según el navegador

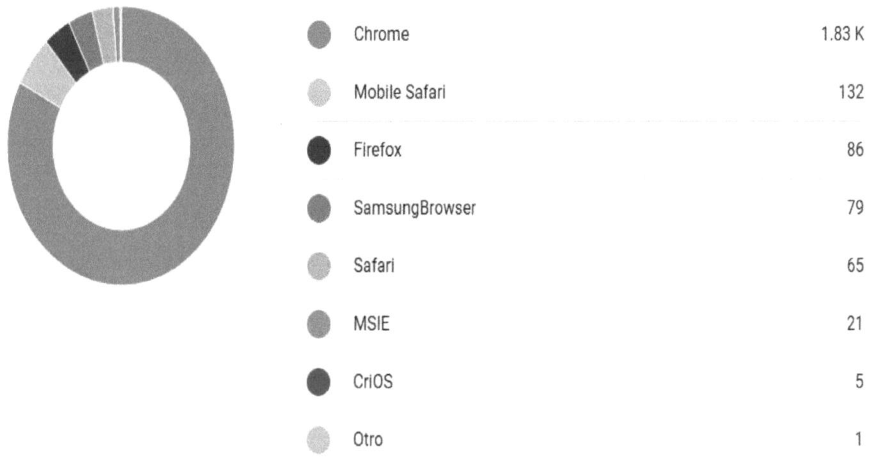

●	Chrome	1.83 K
●	Mobile Safari	132
●	Firefox	86
●	SamsungBrowser	79
●	Safari	65
●	MSIE	21
●	CriOS	5
●	Otro	1

Visitas a la página por sistemas operativos

Fuente: https://infune.blogspot.com/ Sistemas operativos.

En resumen desarrollar sistemas informáticos que tomen en consideración ecuaciones de números complejos, irracionales y matrices lineales, viene a ser un proyecto sumamente gratificante tanto para los estudiantes de la unidad curricular de sistemas de información gerencial, como para aquellos líderes de empresa que requieren herramientas tangibles para poder gerenciar sus organizaciones de una manera efectiva tomando en consideración elementos cuantitativos que le permitan transformar de una manera positiva la realidad que logran observar en los diferentes departamentos que les toca gerenciar.

En definitiva en esta investigación se logra determinar que sí es posible tomar en consideración indicadores inteligentes, que al ser relacionados y evaluados desde la perspectiva de ecuaciones de números imaginarios irracionales y matrices, le permitan a los directores y gerentes de instituciones gestionar de una manera mucho más efectiva sus organizaciones en la actualidad.

El reto de desarrollar un sistema gerencial desde la perspectiva de una red social, es un compromiso verdaderamente significativo que en esta investigación se logra establecer a través de el desarrollo de un servidor local con la incorporación progresiva de tecnología Java Script, HTML, CSS y PHP.

Referencias Bibliográficas

IIPE UNESCO. (2021). Usos de los sistemas de información en el planeamiento y gestión de políticas educativas en América Latina. UNESCO

UNESCO. (2021). Modernizar la gestión educativa a través de los SIGED: fortaleciendo el sistema después de la pandemia de la COVID-19. UNESCO

Massón Cruz, R. M., & Torres Saavedra, A. R. (2009). La Unesco, las políticas y los sistemas educativos de los países de la región latinoamericana. VARONA, (48-49)4

UNESCO. (2021). Caracterización de los sistemas de información educativa en América Latina. UNESCO

I want morebooks!

Buy your books fast and straightforward online - at one of world's fastest growing online book stores! Environmentally sound due to Print-on-Demand technologies.

Buy your books online at
www.morebooks.shop

¡Compre sus libros rápido y directo en internet, en una de las librerías en línea con mayor crecimiento en el mundo! Producción que protege el medio ambiente a través de las tecnologías de impresión bajo demanda.

Compre sus libros online en
www.morebooks.shop

info@omniscriptum.com
www.omniscriptum.com

Printed by Books on Demand GmbH, Norderstedt / Germany